Strasbourg
Collection Tranches de Ville©

Photos Pascale de Srebnicki, avec la collaboration d'Annie Carrière
Texte Hervé Lévy

Conception et direction de l'ouvrage Bertrand Dalin

Nous remercions celles et ceux qui, nombreux, ont aidé à la parution de cet ouvrage, et tout particulièrement Fabrice Guthapfel.

En couverture - Une des vues les plus représentatives de Strasbourg, la Petite France.

Page précédente - Entre eaux tranquilles et ciel d'azur, les tours des ponts couverts.

Sommaire

Préface 5

Histoire 7

Lieux 27

Oxygène 61

Gastronomie 77

Eglise Saint-Paul, altière, et péniches accostées quai des pêcheurs. Un joli tableau urbain.

Les toits de Strasbourg n'accueillent pas que des cigognes. Témoin ce coq de la rue de la Nuée bleue.

Préface

Le destin, ne m'ayant pas fait naître dans une caravane parmi les gens du voyage qui s'attachent à la vastitude de l'espace, m'a placé dans la relative permanence d'un lieu et dans son sympathique dédale de maisons, de rues, de places, de monuments, de ponts et de jardins. Quel que soit l'endroit où l'on vit, travaille et se détend, il restera toujours, au fond de sa conscience, le préféré.

Pourquoi ne louerais-je point Strasbourg, la cité qui s'étend entre le fleuve mythique du Rhin et ses affluents poissonneux, sa caractéristique singulière autour d'une cathédrale d'autant plus mystérieuse qu'on ignore ou oublie le sens de son architecture et de ses monuments visibles et invisibles ?

La beauté générée par l'amour ne s'explique pas (malgré l'effort et le talent des poètes), mais elle se goûte de jour, de nuit, par tous les sens éméchés et par l'imaginaire. Marchez, voyez, touchez, contemplez les êtres et les choses que Strasbourg et l'Alsace vous offrent par leur seule présence. L'extraordinaire, découvert en s'y promenant, est, à chaque pas, une surprise et, par-dessus le marché, gratuite ! Les petits riens de l'existence, pour qui sait leur donner de l'attention, rendent heureux. C'est ce qu'un vieux peintre strasbourgeois vous souhaite de tout cœur.

Camille Claus

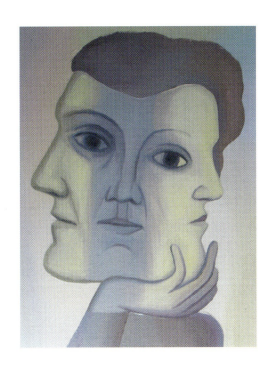

Page précédente - L'Opéra, temple de l'art lyrique. Le bâtiment fut construit au début du XIXe siècle. On y joue aujourd'hui les plus grandes œuvres du répertoire lyrique classique et contemporain.

"Expectative", œuvre de Camille Claus, l'un des artistes strasbourgeois les plus attachants. (collection particulière)

Histoire

Strasbourg naît en 12 avant Jésus-Christ, avec la fondation par les Romains du camp d'Argentorate, à l'étymologie incertaine. En effet, si des occupations humaines antérieures ont pu être décelées, c'est avec la création de ce bastion militaire sur le Rhin qu'un embryon de noyau urbain se met en place. Ville de garnison et centre administratif, Argentorate est soumise aux aléas de la lutte des Romains contre les « Barbares », et sera détruite en 451 par les Huns. Sur ses ruines encore fumantes, les Francs créeront à la fin du Ve siècle une cité nouvelle à l'appellation proche de son nom actuel : Strateburgo, étymologiquement la place-forte des routes. Une simple bourgade.

Page précédente - Dans le musée de l'Œuvre Notre-Dame.

L'ancienne prison de femmes Sainte-Marguerite est désormais siège de l'Ecole nationale d'administration (ENA).

C'est la construction carolingienne qui permettra le premier essor économique de ce qui allait devenir Strasbourg : témoignent de cette importance les serments de Strasbourg (842), par lesquels Charles le Chauve et Louis le Germanique se prêtent mutuellement assistance. L'année suivante, le « Partage de Verdun » fera de Strasbourg une cité appartenant à la Lotharingie... pas pour longtemps puisqu'en 870 le traité de Meersen la rattachera à la Germanie... En 962, elle fera partie intégrante du Saint Empire romain germanique cré par Othon Ier.

Strasbourg est alors une libre ville d'Empire et le pouvoir y est partagé entre les évêques, la noblesse et la bourgeoisie, qui y prend une place sans cesse croissante : elle est un centre commercial florissant. Les liens avec l'Empire se distendent tandis qu'une quasi-autonomie est reconnue à la cité, organisée sur la base des corporations.

Page précédente - Le palais Rohan, vu depuis la cathédrale.

Visage sculpté sur la façade du palais Rohan.

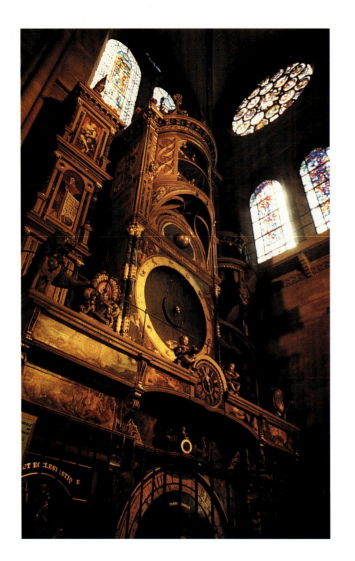
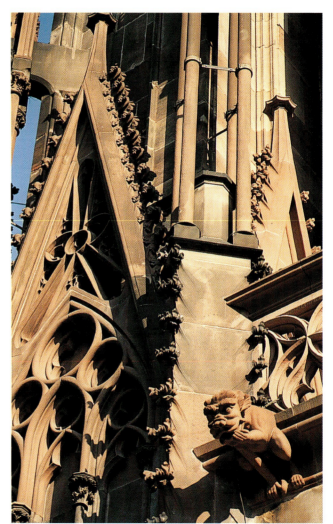

La toponymie strasbourgeoise garde le souvenir de cette structure : rue des Tonneliers, quai des Bateliers, rue des Orfèvres... Dès le XVe siècle, elles élisent les échevins qui composent les conseils régissant la ville. Cette période est marquée par des agrandissements successifs de l'enceinte urbaine et par diverses constructions dont la plus célèbre reste la cathédrale. Cet édifice qui fascina Victor Hugo fut bâti sur les ruines d'une cathédrale romane et sa construction dura près de trois siècles pour se terminer en 1439 avec l'achèvement de la flèche (d'une hauteur de cent quarante-deux mètres) par Jean Hültz de Cologne. Merveille gothique de grès rose aux fines dentelles de pierre et aux pilastres vertigineux, elle est encore aujourd'hui un des symboles de la ville et sa silhouette élancée et altière invite au recueillement, à la rêverie mystique et au calme.

Page précédente
A gauche - L'horloge astronomique de la cathédrale marque entre autres les éclipses lunaires et solaires. Le Christ et les apôtres y apparaissent.

A droite - Magie gothique de la cathédrale.

En contre-plongée. On peut apprécier l'équilibre de ses formes et la finesse de son ornementation de grès rose.

On peut faire débuter l'âge d'or de Strasbourg à 1434, date à laquelle Gutenberg vient s'y installer (il y restera dix années), mais c'est à compter de 1482, avec l'adoption d'une véritable charte constitutionnelle, que la ville connaîtra plus d'un siècle de rayonnement. L'humanisme (avec Sébastien Brandt et Wimpheling) et la Réforme (Jean et Jacques Sturm, Martin Bucer) font de Strasbourg un centre intellectuel de premier-plan. La prospérité économique et le bouillonnement spirituel de ce XVIe siècle doré laissent des traces architecturales encore présentes de nos jours.

Ainsi la Maison Kammerzel, place de la Cathédrale, dont la construction débuta en 1467, est-elle un des plus beaux exemples de l'architecture urbaine de la Renaissance dans le bassin rhénan : on ne se lasse pas d'admirer les décors de la façade, datant du XVIe siècle, qui représentent les vertus théologales, les âges de l'homme ou encore les signes du zodiaque.

Gutenberg, célèbre Strasbourgeois d'adoption. Il passa dix années à Strasbourg, mit au point l'imprimerie et marqua de son empreinte non seulement la ville mais aussi le monde entier.

A droite - Maison Kammerzel, l'un des plus beaux édifices strasbourgeois. Représentative de l'art de la Renaissance, elle dresse sa silhouette altière juste devant la cathédrale.

Ci-dessus - Détail de la façade.

Le XVIIe siècle est comme un décalque négatif de cet âge d'or : guerres, crises intestines et déclin économique en font une période troublée. La victoire de Turenne à Turckheim, en 1675, marque la mainmise de la France sur la région… Strasbourg capitulera en 1681, mais son statut sera celui d'une ville libre dans le Royaume de France. Ainsi sa constitution et sa liberté de culte sont, par exemple, maintenues.

Tours des ponts-couverts et leur reflet poétique dans l'eau.

La rue des Orfèvres, ornée des blasons des villages alsaciens.

La ville connaîtra sous l'administration française un élan architectural sans précédent. Vauban construit les ponts couverts, le cardinal de Rohan fait bâtir un palais en forme de merveille classique, aujourd'hui siège du musée des Beaux-Arts et du Musée archéologique. Blondel est chargé d'un plan d'aménagement urbain global d'importance dont l'épicentre devait être la place Royale, aujourd'hui la place Kléber… seule l'Aubette a été réalisée cependant : on imagine l'harmonie et la beauté qu'aurait eues cette place si le projet avait été mené à bien en sa totalité. Le XVIIIe siècle apparaît alors comme le reflet du XVIe… une autre période de prospérité, sous administration française cette fois. Goethe sera étudiant à l'université en 1770 et 1771, Mozart passera dans la ville en 1778, ainsi que Cagliostro en 1780.

Page précédente - L'ancienne prison de femmes Sainte-Marguerite (à droite), désormais siège de l'Ecole nationale d'administration (ENA).

L'Aubette (construite de 1765 à 1771) : l'une des seules réalisations de Blondel, un des fragments du « Strasbourg royal ».

Equilibre d'une merveille classique. Le palais Rohan fut construit entre 1731 et 1742.

La tourmente révolutionnaire emporte la ville comme le reste du pays : c'est du reste à Strasbourg que sera créée par Rouget de l'Isle la *Marseillaise*, originellement intitulée « chant de guerre de l'armée du Rhin ». Strasbourg donnera ensuite quelques militaires de renom à l'Empire, dont les plus célèbres sont sans nul doute Jean-Baptiste Kléber (1753-1800) et Kellermann, vainqueur de Valmy qui deviendra maréchal en 1804.

*Lycée international des Pontonniers,
remarquable établissement scolaire.
Il fut construit au début du XXe siècle,
dans un style mêlant le gothique à
l'art de la Renaissance.*

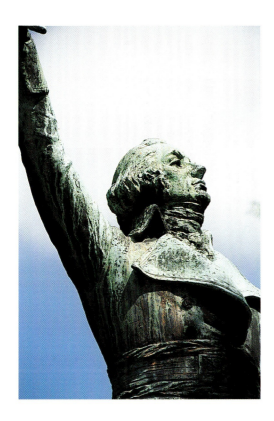 

A gauche - Toute la détermination du « vainqueur de Valmy », Kellermann.

A droite - Port altier d'un général d'Empire, Kléber.

Le XIXᵉ siècle strasbourgeois vient épouser les soubresauts politiques français et la vie artistique y est florissante : le théâtre municipal, place Broglie, aujourd'hui Opéra national, est construit en 1821 et l'atmosphère de la ville ne peut être mieux décrite que par Delacroix dans son *Journal de voyage* : « Il y a à Strasbourg des promenades charmantes telles que je n'en ai vu nulle part... Hommes et femmes, tout respire la tranquillité. L'air débraillé et insolent des Parisiens forme un parfait contraste avec ce qu'on voit ici. »

Page précédente - Le palais du Rhin, exemple typique de l'architecture allemande de la fin du XIXᵉ siècle. Il se nomma d'abord Kaiserpalast, soit palais de l'Empereur.

Détail d'une colonne de la façade.

La guerre de 1870 laissera de profondes blessures : une partie de la ville est détruite, ses bibliothèques sont anéanties… En 1871 l'Alsace et la Lorraine sont annexées. Commence alors pour Strasbourg une période paradoxale : capitale du Reichsland Elsass-Lothringen, que l'on peut traduire par « Pays d'Empire d'Alsace-Lorraine », elle change de visage. Des bâtiments sont construits, où l'apparat le dispute à l'utilitaire : Kaiserpalast, actuellement palais du Rhin, Hôpital civil, université, gare, immeubles d'habitation de l'avenue des Vosges… Le centre-ville est en outre complètement rénové. Face à cette « germanisation » architecturale, l'esprit français résiste. L'Alsace et la Lorraine deviennent une cause nationale et, le 22 novembre 1918, le général Gouraud fait une entrée triomphale dans la ville à la tête des troupes françaises.

Page précédente - Rue de la Haute-Montée. Un bâtiment du début du XXe siècle dans le style de la Renaissance allemande.

Coupole de l'observatoire. Le planétarium se visite et de nombreuses activités et animations y sont organisées.

Strasbourg, au XIXe siècle, devient l'un des symboles forts de l'Europe : Europe divisée par les deux conflits mondiaux (ainsi un Strasbourgeois né en 1913 sera né Allemand ; il sera réintégré dans sa nationalité française en 1918 puis redeviendra Allemand en 1940 avant finalement de devenir définitivement citoyen français en 1945), mais aussi et surtout Europe en voie d'unification politique.

Place Broglie, un immeuble construit dans le style Art nouveau en 1900.

C'est ainsi que la ville sera choisie en 1949 pour être le siège du Conseil de l'Europe, dont la première session se tiendra le 5 mai de cette année-là au Palais universitaire. En outre, Strasbourg est désormais le siège du Parlement européen.

Mais en fait n'était-ce pas le destin d'une cité, écartelée depuis sa création entre germanité et romanité, point de passage presque obligé des courants commerciaux, intellectuels et religieux qui ont traversé le continent et épicentre des conflits entre France et Allemagne, dont la réconciliation a été le socle de la construction européenne ?

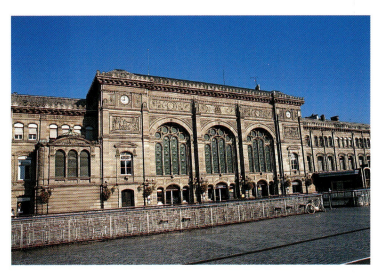

La gare, conçue à la fin du XIXe siècle par Jacobstahl. Rénové il y a quelques années, le bâtiment a recouvré toute sa splendeur.

Une « ville dans la ville » : l'hôpital civil.

Lieux

Strasbourg se découvre en flânant, se donne au passant au hasard de ses rues... C'est en levant les yeux dans une venelle médiévale où l'on touche les maisons de chaque côté rien qu'en tendant les bras que se découvre une étonnante perspective sur la cathédrale. C'est en jetant un œil curieux que les merveilles du passé viennent se refléter dans une vitre...

Laissons-nous aller à la douce atmosphère des lieux...

Page précédente - Maison traditionnelle à colombages.
Sans doute le type de construction qui caractérise
le mieux Strasbourg dans l'imaginaire collectif.

Place du Marché-aux-Cochons-de-Lait.
La cathédrale n'est pas bien loin.

Commençons le parcours par une promenade dans les ruelles étroites du quartier de la Petite France, ainsi nommé en raison de la présence d'un hôpital construit là au XVIe siècle, un hôpital où étaient soignés les malades atteints de syphilis, appelée communément à l'époque le « mal français »…

Curieuse origine pour un quartier dont les maisons paisibles aux colombages polychromes forment comme une dentelle chargée d'histoire le long de l'Ill… Une Petite France pas toujours si tranquille du fait des innombrables visiteurs qui y déferlent quotidiennement. Mais le lieu possède une puissance supérieure, qui place son charme indicible dans un espace situé hors du temps et des contingences, faisant aimer l'endroit pour lui-même malgré cette présence parfois jugée envahissante.

Venelle étroite dans la Petite France, l'un des endroits les plus pittoresques de la ville.

Page suivante - Douceur de vivre le long des canaux de ce quartier.

Passage devant ces monuments chargés d'histoire : cathédrale, église Saint-Paul, merveilleux cloître de Saint-Pierre-le-Jeune où flottent encore les ombres amoureuses de Balzac et de Madame Hanska, palais des Rohan, Temple-Neuf... Une promenade historique orchestrée par le hasard et par l'envie de découverte attend le visiteur, guidé par des panneaux qui indiquent les noms des rues en deux langues au centre-ville, venant ressusciter toute l'histoire de la cité.

Page précédente - Colombages typiques de la Petite France.

Terrasse de la Petite France en soirée.

Strasbourg se laisse aussi découvrir en ses quartiers, comme la Krutenau. Derrière la blanche et irrégulière façade de l'église Saint-Guillaume commence le territoire des étudiants ; le décor Art nouveau des Arts-Déco n'est pas loin et l'on sent la vie battre à grands coups dans ces rues : marchés, cafés, commerces de proximité... C'est comme si l'on se trouvait dans un village enchâssé en plein milieu de la ville.

Façade atypique, et un rien de guingois, de Saint-Guillaume, dont la construction commença en 1300.

Les Arts Déco, un des bâtiments jugendstil de Strasbourg.

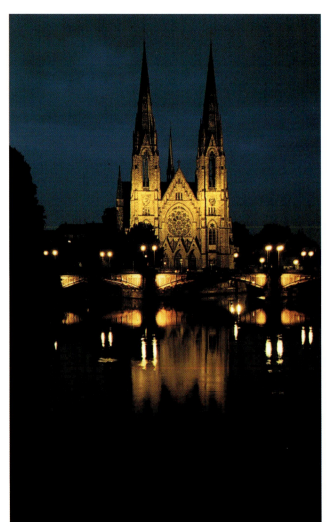

La cité comporte encore bien des lieux fascinants : on aime se laisser emporter par l'ambiance populaire et bon enfant des environs de la gare, on erre dans les rues désertes de l'Hôpital civil, une « ville dans la ville »... Promenade dans les « quartiers impériaux », ceux qui ont été construits entre 1870 et 1918, où les maisons d'habitation viennent étrangement rappeler l'Europe centrale et où, au détour d'une rue (d'une avenue plutôt), on a parfois le bonheur de tomber sur les entrelacs végétaux d'une maison Jugendstil.

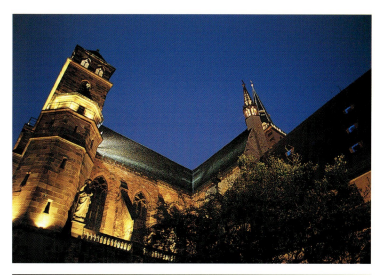

Page précédente
A gauche - La cathédrale illuminée.

A droite - Saint-Paul et son reflet énigmatique
qui renvoie à la période de sa construction,
la fin du XIXe siècle.

L'église Saint-Pierre-le-Vieux.

Nuit tombée sur le palais Rohan.

Mais Strasbourg n'est pas qu'une ville tournée vers son glorieux passé. Souvent le grès rose des Vosges et la pierre de taille laissent la place au verre et au béton, qui viennent composer une couche architecturale contemporaine par-dessus les gentilles maisons à colombages et les toitures aux nids de cigognes.

Page précédente - Le lacis du centre-ville vu d'en haut.

Le musée de l'Œuvre Notre-Dame abrite en particulier des statues originales de la cathédrale.

Le quartier de l'Esplanade, par exemple, accueille les principales universités de la ville, et le campus ultra-moderne d'Illkirch-Graffenstaden offre des exemples surprenants d'architecture contemporaine.

Le campus ultramoderne d'Ilkirch-Graffenstaden.

Art sur le campus.

Page suivante - A gauche, la faculté d'Ilkirch surprise la façade dans les nuages, à droite celle de Krutenau.

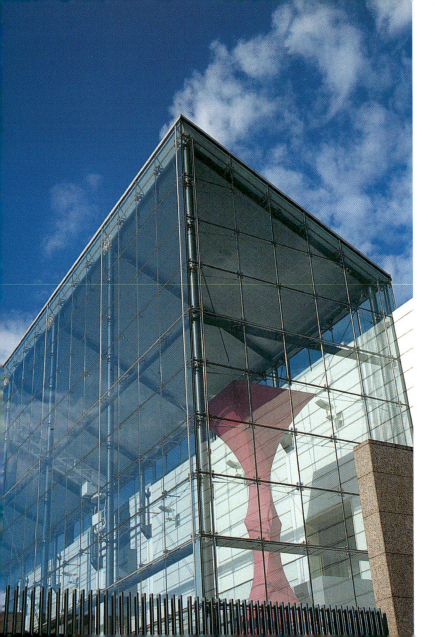

New York a son MOMA (Museum of Modern Art), la capitale alsacienne, elle, a son MAMCS (musée d'Art moderne et contemporain de Strasbourg). Inauguré en 1998, le bâtiment, conçu par Adrien Fainsilber, est posé sur les bords de l'Ill comme une immense arche de verre qui invite à la découverte de ses collections... Autour de la nef centrale, vaste espace translucide, sont disposés les espaces d'exposition qui proposent une promenade picturale avec, en particulier, des œuvres marquantes du Strasbourgeois Hans Jean Arp... Le cheval de bronze de Mimmo Paladino domine l'édifice pour en constituer en quelque sorte l'enseigne.

Le MAMCS (musée d'Art moderne et contemporain de Strasbourg). Inauguré en 1998, le bâtiment, conçu par Adrien Fainsilber, est posé sur les bords de l'Ill comme une immense arche de verre qui invite à la découverte de ses collections...

A gauche - Un cheval sur les toits. Détail du MAMCS.

Au centre - Athéna, déesse de la sagesse, veille sur la faculté de droit.

A droite - Que regarde cette jeune femme de bronze ? Le Tram qui glisse calmement le long de l'avenue du Général-de-Gaulle ? Peut-être.

Traversant le barrage Vauban, déambulant parmi les moulages fantomatiques des statues de la cathédrale, on arrive devant la masse sombre et élancée de l'hôtel du département (siège du conseil général du Bas-Rhin), un bâtiment où l'audace le dispute à l'harmonie et à la fonctionnalité.

Mais c'est peut-être dans ce qu'il est convenu d'appeler le « quartier européen » que la modernité se montre la plus spectaculaire et la plus harmonieuse. Si le Palais de l'Europe, siège du Conseil de l'Europe, construit en 1977, étonne par son caractère massif et déjà un rien désuet, que dire du récent bâtiment du Parlement européen conçu par Architecture Studio ? De loin il a les allures d'une aile vitrée et luminescente qui viendrait épouser les courbes de l'Ill. Dans ce complexe, l'hémicycle en forme d'ellipse est comme enchâssé au cœur des bâtiments. De la transparence des matériaux et la simplicité des lignes employées comme métaphore du système communautaire. Seules les sessions ordinaires du Parlement s'y tiennent, une semaine par mois environ, le reste de son activité étant partagé entre Bruxelles et Luxembourg.

Hôtel du département et sa silhouette à l'image d'une étrave de bateau.

*En haut à gauche - Quartier « européen »
et son proéminent Parlement.*

A droite - Palais des Droits de l'homme.

*Palais de l'Europe, et la rangée de drapeaux des
Etats membres du Conseil de l'Europe, organisation
intergouvernementale fondée en 1949.*

A quelques encablures se trouve le palais des Droits de l'homme, siège de la Cour européenne des droits de l'homme, inauguré en 1995 sur les plans de l'architecte britannique Sir Richard Rodgers. Vus de face, les trois cylindres de la façade viennent suggérer par leur disposition une balance, symbole de la justice. Pour le reste, le bâtiment évoque un paquebot qui s'étire majestueusement et langoureusement sur les berges de l'Ill.

Au centre de cette modernité revendiquée par une ville résolument tournée vers l'avenir, glisse en silence le tram, comme une flèche argentée qui parcourt la ville et ses faubourgs en tous sens, de la Montagne-Verte à l'Esplanade et d'Illkirch-Graffenstaden à Hautepierre en passant par le centre historique. De nombreux arrêts sont ornés d'œuvres d'art. On y reconnaît par exemple les ludiques chats d'Alain Séchas.

Page précédente - Clin d'œil de l'arche de verre et d'acier du Parlement européen...

Le Tram, serpent technologique, glisse sur le bitume en silence.

Strasbourg, ville d'histoire, Strasbourg, cité qui a su s'ouvrir au XXIe siècle, mais Strasbourg qui est restée une ville à taille humaine, où comme le veut l'expression consacrée « il fait bon vivre » au milieu d'une population ouverte sur le monde et généreuse. Qui a mieux compris que Musset ce mélange entre germanité et romanité qui caractérise les Alsaciens ?

Alignement pittoresque le long de l'Ill.

Il décrivait en effet l'Alsacienne en ces termes : « les charmantes filles, pleines à la fois de la langueur germanique et de la vivacité française »... un portrait qui correspond presque trait pour trait à l'un des plus célèbres tableaux exposés au musée des Beaux-Arts, intitulé *La Belle Strasbourgeoise*, peint en 1703 par Nicolas de Largillière. Son modèle est resté inconnu, laissant la place à l'imagination et venant ainsi incarner toute la gent féminine de la cité.

Tradition, traduction... de nombreuses plaques de rue du centre-ville sont bilingues.

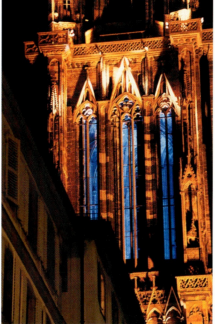

Les illuminations montrent, l'été venu, la ville sous un aspect merveilleux.

Page précédente - Le long des quais de l'Ill.

Ci-dessus - La cathédrale, parée d'une admirable dentelle polychrome.

La ville offre de nombreux cafés où il est agréable de s'attabler devant une bonne bière (eh oui, le cliché a la vie dure). Parmi eux on remarquera plus particulièrement le *Schutzenberger*, place Kléber, une ancienne brasserie rénovée il y a quelques années par Jean Nouvel, qui en fit un espace à la fois branché et confortable.

La place du Marché-Gayot, ou PMG en jargon strasbourgeois, reste l'un des endroits les plus agréables en été, avec ses terrasses de café alignées à deux pas de la cathédrale. La nuit strasbourgeoise, elle, exprime son plus grand degré d'intensité dans trois lieux : *La Passerelle* (quai des Bateliers, un endroit agréable où commencer... et terminer la nuit), le *Living Room* (à la Krutenau : un de ces lieux où la *hype* se mêle à la décontraction), et le *Bar des Aviateurs*, un des spots mythiques des nuits strasbourgeoises, toujours très prisé avec son décor étonnant et son long zinc.

Terrasses de la place de la Cathédrale.

Farniente ensoleillé en terrasse, place Kléber.

Page suivante - La PMG, ou place du Marché-Gayot, lieu de prédilection des Strasbourgeois pour prendre un verre.

L'Opéra, bâtiment du début XIXe siècle.

Dans le domaine culturel, le choix est particulièrement riche, entre l'Opéra national du Rhin, à la programmation éclectique qui mêle grands classiques et œuvres contemporaines, le Théâtre national de Strasbourg, dirigé de main de maître par Stéphane Braunschweig, l'Orchestre philharmonique de Strasbourg, le théâtre du Maillon, toujours à l'avant-garde de la création contemporaine, le Théâtre Jeune Public, la Laiterie, une salle étonnante construite dans les bâtiments… d'une ancienne laiterie et qui propose une programmation variée qui va de la pop à la techno en passant par le groove ou l'indus. Pour ne citer qu'eux…

On ne saurait dresser un panorama complet du paysage culturel strasbourgeois sans mentionner Musica, le festival des musiques contemporaines de Strasbourg, qui a fêté en 2002 son vingtième anniversaire, et qui emmène son public à la découverte de musiques fascinantes : Boulez, Dusapin, Manoury, Rihm, Glass… Ce festival, l'un des plus importants au monde dans ce domaine, se déroule chaque année à l'automne.

A Strasbourg le spectacle est aussi dans la rue : mimes, groupes musicaux de style et de composition variés ou spectacles impromptus viennent irriguer de leur vie artistique les artères de la ville…

Ce sont également les marchés qui donnent à la ville sa respiration. Celui qui, trois fois par semaine, est consacré aux livres est un des plus attachants.

Fraîcheur et variété à l'étal du primeur.

Le marché aux livres se tient trois fois par semaine place Gutenberg. On y trouve des ouvrages d'occasion.

Celui dont la réputation rayonne dans toute la France et au-delà, c'est le Marché de Noël... Chaque année, le mois de décembre venu, rues, édifices et places se couvrent de lumière... Héritier d'une tradition séculaire, le Christkindelsmärik était d'abord limité à la place Broglie, où vendeurs de santons et de décorations de Noël voisinaient avec bonhomie avec confiseurs, fabricants de barbe à papa et producteurs de sapins...

Page précédente - Entrée du marché de Noël, place Broglie.

Mille et un motifs et couleurs luminescentes pour les décorations.

Depuis quelques années déjà, le marché s'est étendu dans toute la ville, et un mois durant Strasbourg est véritablement la « capitale de Noël »… La ville se pare de ses plus beaux atours : des lumières de toutes les couleurs prennent leurs quartiers d'hiver sur les façades ou dans les arbres, un immense sapin est dressé place Kléber, et les étals du marché se couvrent de toute une verroterie luminescente et tintinnabulante qui renvoie chacun à ses rêves d'enfant.

Multiples stands aux couleurs vives pour le plus grand bonheur des enfants.

Page suivante - Chaque année un immense sapin est dressé et décoré place Kléber.

*Magie des illuminations de Noël
au cœur de la vieille ville.*

*Page suivante - Restaurant Zimmer-Sengel,
atteint par la féerie chromique.*

Oxygène

Bien que très éloignée de la mer, Strasbourg est une ville fortement marquée par l'eau, par les eaux devrait-on dire plutôt. Elle doit une part de sa prospérité au Rhin, artère commerciale vitale, dont les flots tumultueux désormais coulent à une portée de fusil du centre. Cette véritable épine dorsale du continent européen inspira à Lamartine ces vers : « Le chant des passagers que ton doux roulis berce / Des sept langues d'Europe étourdira les flots. »

Page précédente - Vue champêtre à Strasbourg.

L'embarcadère près du palais Rohan, d'où partent les bateaux-mouches en toutes saisons.

C'est l'Ill qui vient structurer Strasbourg. Un simple regard sur un plan permet de comprendre que la ville fut bâtie sur une île sur laquelle se concentrent presque tous les joyaux de son patrimoine. Il suffit de flâner sur ses berges récemment réaménagées ou de prendre un bateau-mouche pour découvrir la ville autrement.

L'Ill traverse la ville et offre de multiples points de vue remarquables, sur l'eau, les berges ou les ponts.

Page suivante - Le bateau-mouche, moyen original de découvrir Strasbourg, au fil de l'eau.

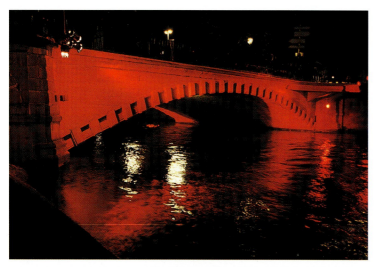

Les splendides ponts qui enjambent l'Ill : pont du Corbeau où les suppliciés étaient immergés dans une cage de fer au Moyen Age, pont Saint-Martin... et bien évidemment les célèbres ponts couverts, trois tours bâties au XIIIe siècle (quatre à l'origine), vestiges des anciennes fortifications de la ville. Elles serviront au fil des âges de prison ou d'hospice abritant les malades atteints de maux incurables.

Devant ce système défensif médiéval se trouve le barrage Vauban (ou grande écluse), qui lui est le témoignage des fortifications militaires entreprises par Vauban au XIXe siècle. C'est du haut de ce barrage que l'on a une des plus belles vues sur la ville : une perspective charmante vient aligner les ponts couvert, la cathédrale et le lacis des maisons et des canaux de la Petite France.

Promenade nocturne en couleurs
le long des quais de l'Ill.

Page suivante
A gauche - Dans le quartier
de la Petite France.

A droite - L'écluse des ponts couverts.

L'eau est aussi présente intra-muros, une eau souterraine qui vient parfois jaillir à la surface, comme dans cette charmante fontaine imaginée par un des artistes alsaciens les plus célèbres dans le monde, Tomi Ungerer. La ville a fêté avec faste son soixante-dixième anniversaire, en 2002 ,par trois expositions. Le monument fut construit en 1988 et représente un aqueduc sous lequel se trouve une représentation du dieu romain Janus, un dieu à deux visages, l'un regardant vers le passé, l'autre vers l'avenir, un dieu qui vient mettre en avant de manière poétique la double appartenance de Strasbourg, une face tournée vers l'Allemagne, l'autre vers la France...

Entre France et Allemagne...

L'eau et l'espace, perspective oxygénante.

Page suivante
A gauche - Fontaine en écailles de pierre.

A droite - La fontaine Janus de Tomi Ungerer.
Elle représente le dieu romain aux deux visages.

Saisissant raccourci de l'histoire venant faire écho au monument aux morts situé juste en face, place de la République : une mère, Strasbourg, tient ses deux enfants mourants dans ses bras, l'un regardant vers la France, l'autre vers l'Allemagne... Une fois encore on retrouve Strasbourg, et toute l'Alsace avec elle, aux confluences de deux cultures...

Page précédente - Profiter du bien-être que procure le soleil au bord de l'eau.

Monument aux morts, place de la République.

Place de la République, îlot de verdure urbain.

Pour trouver les plus beaux espaces verts de Strasbourg, il faut prendre ses distances avec le centre-ville. Le parc du Contades est un îlot de verdure posé juste derrière l'avenue des Vosges, aux abords de la synagogue de la Paix (construite en 1958, elle remplace l'ancienne synagogue qui se trouvait quai Kléber et qui fut détruite par les nazis en 1941). Le parc propose aux passants ses larges allées sablonneuses parsemées de bancs accueillants. A la confluence des allées se dresse un charmant kiosque à musique...

Un des jardins les plus agréables reste cependant l'Orangerie, situé tout près de institutions européennes. Chaque Strasbourgeois y a des souvenirs, puisque c'est là bien souvent que l'emmenaient ses parents (ou grands-parents) par les journées ensoleillées de la belle saison. Ce jardin à l'anglaise, doté en son centre du pavillon Joséphine, est pourvu de lacs artificiels, de rocailles étonnantes, d'une cascade et d'un petit zoo.

Ci-contre et page suivante - L'Orangerie, oasis à deux pas du moderne « quartier européen ». Il est doux de s'y reposer, de flâner, de contempler la nature...

Les parcs et les espaces verts sont des éléments importants de la douceur de vivre strasbourgeoise. Espaces de quiétude où l'on vient s'asseoir pour la pause de midi, où l'on vient lire ou simplement parler… Outre la place de la République, on aime se reposer quelques instants place des Tripiers, créée après la Seconde Guerre mondiale à l'emplacement d'un pâté de maisons soufflé par une bombe. Récemment réaménagée, cette place, malgré un tonneau un peu trop folklorique, est un havre de tranquillité en pleine ville. Un café fort agréable y a en outre ouvert ses portes il y a peu, *La Place*.

La Place, *café « branché »,
place des Tripiers.*

Parc de la Citadelle.

On peut aussi flâner au parc de la Citadelle, à proximité des universités et du quartier de l'Esplanade, construit dans les années soixante-dix, espace de verdure de taille respectable structuré autour de la citadelle que construisit Vauban.

Une « eau fleurie » dans le parc de la Citadelle.

L'été, sur l'austère place Kléber, jaillit une véritable oasis de verdure. Des structures amovibles son installées et l'on se promène au milieu des massifs de fleurs, bercé par les clapotements amicaux d'un petit torrent artificiel.

Ainsi Strasboug réalise le vieux rêve d'Alphonse Allais, mettre les villes à la campagne.

La place Kléber, réaménagée pour l'été.

Page suivante - Fontaine contemporaine aux formes acérées, juste à côté du palais Rohan, édifice de style classique.

Gastronomie

A Strasbourg, le goût est inséparable de ses lieux, de ces endroits *gemütlich*, terme allemand tout à fait intraduisible, sorte d'équivalent au *cosy* britannique, c'est-à-dire à la fois confortable, intime et agréable, de ces restaurants, winstubs et pâtisseries tellement nombreux en ville... La winstub est au Strasbourgeois ce que le bouchon est au Lyonnais. Il s'agit d'un des endroits favoris des habitants de la ville... Ils sont nombreux et on peut citer parmi les plus authentiques *Le Clou*, rue du Chaudron, *Chez Yvonne*, rue du sanglier, et *Le Saint-Sépulcre*, rue des Orfèvres, institutions situées toutes trois juste aux pieds de la cathédrale.

Page précédente - Engageants vitraux de la winstub Pfifferbrieder.

Enseigne du Buerehiesel, *grande table en plein cœur de l'Orangerie.*

Strasbourg concentre aussi en ses murs de nombreux établissements de prestige, temples de la gastronomie, où cuisine rime le plus souvent avec art et où les préparations consistent en un mélange de tradition bien maîtrisée et d'innovation ébouriffante... Les deux plus renommés sont *Le Buerehiesel*, dans le parc de l'Orangerie, et *Le Crocodile*, en plein centre-ville.

Au Clou, l'une des windstubs les plus renommées de la ville.

Chez Yvonne. Jacques Chirac et Helmut Kohl y sont venus dîner à plusieurs reprises.

Page suivante - La convivialité alsacienne se ressent dès cette fenêtre de la winstub Le Gruber.

Page précédente - Au Saint-Sépulcre, endroit mythique de la gastronomie régionale traditionnelle.

Le Crocodile *et son enseigne. L'une des tables les plus réputées de Strasbourg.*

La cuisine alsacienne est souvent simple, roborative et savoureuse et l'on connaît tous ses plats les plus marquants. Il y a la choucroute, bien sûr, dont l'intérêt ne dépend pas tant de la charcuterie que de la qualité du chou qui l'accompagne...

On ne saurait oublier le baeckeofe. Le nom signifie « potée boulangère ». En effet, le plat était traditionnellement préparé la veille, et déposé le matin dans le four du boulanger du village dans lequel il cuisait. Trois viandes, porc, agneau et bœuf, marinent une nuit dans le riesling avec des oignons, de l'ail, du sel et du poivre. Dans une terrine de terre cuite seront ensuite placées en strates la viande et les pommes de terre. Le résultat est l'une des plus belles et solides expériences gustatives que Strasbourg puisse offrir.

Page précédente - Le Buerehiesel,
Haute gastronomie à l'Orangerie.

Une bonne choucroute et son verre de riesling.
Valeurs sûres de la gastronomie alsacienne.

Beau kugelhopf, appétissante nature morte.

La tarte flambée est un plat venu de la campagne et ayant su conquérir les citadins. Simple et savoureuse, elle consiste en une fine pâte à pain garnie d'un mélange de crème fraîche, de fromage blanc et d'œufs puis d'oignons, et de lardons. Elle est ensuite passée au four à bois. La tarte flambée se décline également en « gratiné », avec fromage râpé, et « forestière », garnie de champignons finement coupés... Une version sucrée, aux pommes, se déguste en dessert.

Sur la table strasbourgeoise, on trouve aussi le bretzel, une friandise salée en forme de bras entrelacés au goût subtil, les petits gâteaux de Noël (ou bredele), dont les variétés sont presque infinies et qui se confectionnent dans le secret des cuisines, au mois de décembre, suivant des recettes parfois centenaires. Le kougelhopf, pour sa part, est une brioche à la forme très caractéristique qu'il est agréable de déguster au goûter avec une tasse de thé ou de chocolat.

La reconstituante tarte flambée se décline en de multiples variétés.

La saucisse de Strasbourg, fierté nationale, entourée de chapelets appétissants, ambassadeurs de la charcuterie alsacienne.

La variété des spécialités de charcuterie est tout à fait stupéfiante en Alsace : il suffit de se rendre dans une boucherie, d'observer l'étal pour se laisser happer par de bien délicats fumets qui émanent de saucisses à frire, de tranches de lard et autres saucisses à tartiner. Terminons en rappelant que l'Alsace est « l'autre pays du foie gras », mets savoureux et subtil qu'il convient bien évidemment de déguster avec un verre de « vendanges tardives ».

N'oublions pas en outre que Strasbourg est depuis le Moyen Age un centre brassicole important et que dans ses faubourgs (à Schiltigheim principalement) s'élaborent des bières parmi les plus populaires de l'Hexagone. Si de nombreuses marques ont disparu en raison de la concentration industrielle (La Perle, Tigre Bock…), le secteur n'en reste pas moins florissant.

Dans ces appareils complexes de cuivre s'élabore une des meilleures bières de l'Hexagone, la Kronenbourg.

Il serait inconvenant de terminer sans parler des vins d'Alsace qui viennent accompagner les mets dont nous parlions plus haut ; notons au passage l'originalité alsacienne dans le domaine, puisque c'est le cépage (la variété de vigne cultivée) qui donne son nom au vin et non le terroir dont il est issu…

Une véritable ronde vinicole est proposée à l'amateur, une ronde où l'on distingue la fraîche légèreté du sylvaner, un vin désaltérant qui ne va pas jouer le « grand monsieur », un vin qui vient accompagner avec bonheur les repas de tous les jours. Le riesling, lui, est sec : peu fruité, sa finesse toute minérale vient en faire le compagnon idoine d'un plat de fruits de mer. Parfois ce caractère minéral (hérité de la terre sur laquelle les raisins sont nés) est tellement marqué que le goût du vin se transforme en symphonie racée aux variations étranges et fascinantes.

Les vignobles d'Alsace produisent des vins blancs typés et renommés.

Le muscat d'Alsace hésite pour sa part entre caractère fruité et sec pour trouver un équilibre rare, tandis que le gewurztraminer est sans doute le plus complexe des vins de la région. Charpenté et parfumé, il possède un bouquet puissant et aromatique. Le tokay pinot gris est empli de noblesse. Quant au pinot blanc, il s'agit du vin le plus classique qui soit : il réalise en effet l'équilibre parfait entre les deux caractéristiques les plus marquantes des vins d'Alsace, avec son caractère à la fois sec et fruité. Seul vin rouge en Alsace, le pinot noir est une merveille de finesse et d'harmonie.

Sur certaines bouteilles, on trouve les mentions « Vendanges Tardives » ou « Sélections de Grains Nobles » : les vins dont il est question sont alors des breuvages extraordinairement liquoreux et sucrés (dont le goût se rapproche des sauternes) qu'il convient de marier à la simplicité de noix fraîchement cueillies, à la tradition d'un exquis roquefort ou alors à la splendeur d'un foie gras... d'Alsace, il va sans dire !

Enseigne traditionnelle dans un ciel sans nuage.

Dans la même collection

Angers	**La Rochelle - Ile de Ré**	**Reims - Champagne**
Arles - Camargue	**Lyon**	**Rennes**
Avignon	**Nancy**	**Strasbourg**
Bordeaux	**Nantes**	**Toulouse**
Carcassonne - Pays cathare	**Nîmes - Pays gardois**	**Tours**
Dijon	**Pau**	**Vannes - Golfe du Morbihan**

En vente sur place en librairie et presse. Ou recevez-le directement à domicile en le commandant aux Editions Déclics.

© Editions Déclics 2002
14, rue des Volontaires - 75015 Paris
Tél. 01 53 69 70 00 - **Fax** 01 42 73 15 24
E-mail : *editions-declics@club-internet.fr*

Impression Corlet, Condé-sur-Noireau - N°61432
(14) **Distribution** Nouveau Quartier Latin
Dépôt légal 4ᵉ trimestre 2002
Code ISBN 2-84768-016-0

Double page suivante - Quai des Pêcheurs.
En couverture arrière - L'Ill la nuit.